BIENVENIDO A
VIVA LETRAS,

donde aprender a leer se convierte

en una emocionante aventura.

Futuro lector o lectora:

_____

_____

Regalo de:

_____

_____

Fecha:

_____

_____

VIVA LETRAS

PASO A PASO

1 Aprende cómo se escribe la letra.

2 Descubre cómo suena.

3  Combina sonidos.

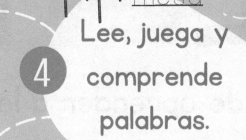 Lee, juega y comprende palabras. **4**

5  Lee y diviértete con frases y textos.

AYUDAS VISUALES

 ESCRIBE   PRONUNCIA   COLOREA   UNE   RODEA   TACHA   DIBUJA   SUBRAYA

❙❙ RODEA SI TODAVÍA NO DOMINAS LA LETRA Y REPASA UN POQUITO MÁS.

▶ RODEA SI YA DOMINAS LA LETRA Y PASA A LA SIGUIENTE PÁGINA.

 PROGRESO EN EL NIVEL

EL JUEGO DE LAS VIVA LETRAS

COLOREA CADA LETRA QUE APRENDAS Y JUEGA CUANDO COMPLETES UN NIVEL.

LANZA EL DADO Y AVANZA SEGÚN EL RESULTADO OBTENIDO.

TIRA DE NUEVO Y DI UNA PALABRA SEGÚN ESTAS INDICACIONES. →

GANA EL PRIMERO EN LLEGAR AL ÚLTIMO NIVEL ESTUDIADO SIN SOBREPASARLO.

EN CASO DE SOBREPASARLO, SE RETROCEDE SEGÚN LOS PUNTOS RESTANTES.

⚀ ⚁ EMPIECE POR

⚂ ⚃ ⚄ CONTENGA

⚅ ACABE POR

2
Nn
Tt
Ss — VUELVE A LA SALIDA
Dd
Mm
Ff
Ll
Bb
Pp
Aa
VUELVE A LANZAR
1
Vv — PIERDES UN TURNO
Ee
Ii
Uu
Yy
Hh
3
Oo
Rr
PIERDES UN TURNO
VUELVE A LANZAR
Cc
Yy
LL ll
4
Jj
Gg
Zz
Qq
Ch ch
Ññ
VUELVE A LANZAR
Xx
pl
pr
bl
Kk
Ww
gü
5
br
fl — VUELVE A LA SALIDA
dr
tr
gr
gl
cr
cl
fr

3

RECOMENDACIONES PARA AYUDANTES DE MAGOS
(TAMBIÉN LLAMADOS MAMÁS, PAPÁS O PROFES)

1.ASÚSTATE CON EL SISEO DE LA SERPIENTE (CONCIENCIA FONOLÓGICA: RECONOCIMIENTO VISUAL Y AUDITIVO):

Vivaletras está basado en el método fonético, mediante el cual el niño aprende el sonido de cada letra. Por tanto, solo necesita saber la pronunciación de las 29 letras del español (a efectos prácticos incluimos "ch" y "ll") para leer cualquier palabra. En Vivaletras, asociamos el sonido de cada letra a una imagen divertida. Por ejemplo, la "s" es una serpiente siseando. Cuando tu peque imite este sonido, seguro que te asusta. Así, mientras se divierte, descubre las reglas letra-sonido, esenciales para la formación de los circuitos cerebrales responsables de la lectura, tal como ha demostrado la neurociencia.

2.DIVERTÍOS COMBINANDO SONIDOS (CONCIENCIA SILÁBICA):

Después, el niño combinará cada consonante que aprenda con las vocales para formar sílabas, pero manteniendo la identidad del sonido. Por ejemplo, si la "s" se une a la "a", formará "sa", pero si la "a" se une a la "s", será "as".

3.APLAUDE CON ENTUSIASMO A TU MAGO O MAGA (DECODIFICACIÓN Y COMPRENSIÓN LECTORA):

Vivaletras no solo se centra en enseñar a leer (decodificar), sino también en fomentar la comprensión lectora a través de juegos y actividades de lectoescritura.
Cuando tu peque resuelva estos ejercicios, está haciendo magia, logrando que unos garabatos (que llamamos letras) hablen. Reconoce sus esfuerzos y celebra sus avances.

4.TU MAGO O MAGA EN EL ESCENARIO. TÚ ENTRE BAMBALINAS (FOMENTO DE LA AUTONOMÍA Y LA AUTOESTIMA):

Vivaletras está diseñado con ayudas visuales y una estructura clara para que tu aprendiz, una vez que le expliques la dinámica, pueda realizar las actividades por sí mismo. Esto fortalece su autonomía y confianza en sus habilidades lectoras, convirtiéndose en protagonista de su propio aprendizaje. Tu papel es revisar y alentar la detección de errores con preguntas: "¿seguro que es así?" "¿revisamos juntos?" Además, es importante hacerle entender que equivocarse es parte del proceso de aprendizaje.

Gracias por elegir Vivaletras como compañero de viaje en esta aventura. ¡Bienvenido/a!

Tu opinión es muy importante. Escanea y comparte tu experiencia de forma fácil y rápida.

¿Te ha gustado "Vivaletras"? Hemos puesto todo nuestro cariño en este libro y nos encantaría conocer tu experiencia. Escanea el código QR y comparte tu opinión en Amazon. Tus palabras pueden inspirar a otros padres y educadores a descubrir lo divertido que puede llegar a ser aprender a leer.

Gracias.   ¡Tu apoyo nos impulsa a seguir creando libros para ti!

						NIVEL
Aa	Ee	Ii	Oo	Uu	Yy	**1**
Aa	Ee	Ii	Oo	Uu	Yy	PÁG. 6

						NIVEL
Pp	Ll	Mm	Ss	Tt	Nn	**2**
Pp	Ll	Mm	Ss	Tt	Nn	PÁG. 12

					NIVEL
Dd	Ff	Bb	Vv	Hh	**3**
Dd	Ff	Bb	Vv	Hh	PÁG. 26

						NIVEL
Rr	Cc	Qq	Zz	Gg	Jj	**4**
Rr	Cc	Qq	Zz	Gg	Jj	PÁG. 38

							NIVEL
Ll ll	Yy	ch	Ññ	Xx	Kk	Ww	gü	**5**
Ll ll	Yy	Ch ch	Ññ	Xx	Kk	Ww	Gü gü	PÁG. 52

						NIVEL
pl pr	bl br	fl fr	cl cr	gl gr	tr dr	**6**
pl pr	bl br	fl fr	cl cr	gl gr	tr dr	PÁG. 66

A a

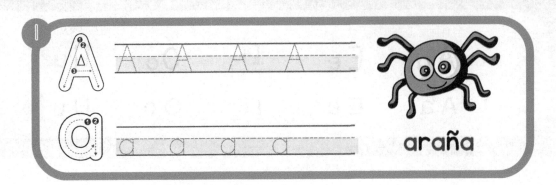

araña

2 GRITA "A"

AAAAA
a a a a

3 RODEA A Y a.

A	u	U	o	a	I	E	i
e	a	O	U	A	o	e	
a	A	e	o	a	O		

4 RODEA LOS ANIMALES EN LOS QUE SUENA LA "a".

5 SUBRAYA "a".

Vaca

Patata

Araña

1

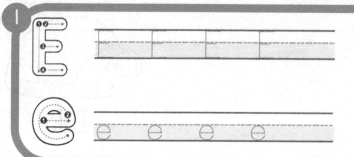

Elefante

E e

2 SALUDA "E". CANTA "EA".

E E E E
e e e e

EA EA EA
ea ea

3 RODEA E Y e.

A	e	U	o	E
u	I	E	e	a
o	e	O	u	e

4 COLOREA LOS ANIMALES EN LOS QUE SUENA LA "e".

5 SUBRAYA "a" y "e".

mesa

seta

Pepe

I i

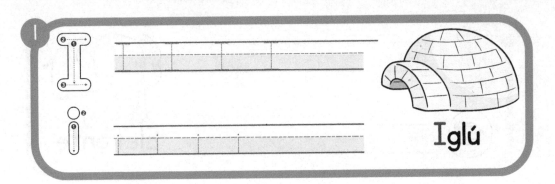

Iglú

I I I I
i i i i

3 RODEA I e i.

I u U i a I O

i o A I i e o

i A i o a I e

4 SIGUE EL CAMINO DE LAS PALABRAS CON LETRA "i".

SOLO COMO ALIMENTOS EN LOS QUE SUENA LA "I"

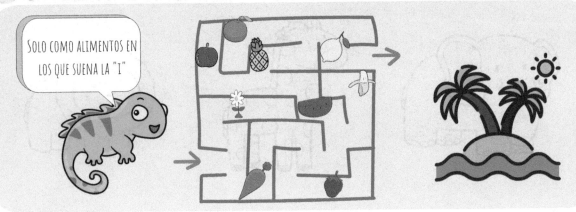

5 SUBRAYA "a" , "e" e "i".

piña

sandía

aceite

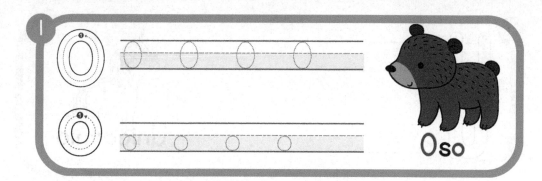

1

O o

Oso

2 "O" SORPRESA.

3 RODEA Ⓞ Y ⊙.

I o U i u I o O
u o A O i u o o
E i o u O e

4 HAZ DOS DIBUJOS EN LOS QUE SUENE LA "o".

5 SUBRAYA "a" , "e" , "i" y "o".

avión

oveja

perro

9

Uu

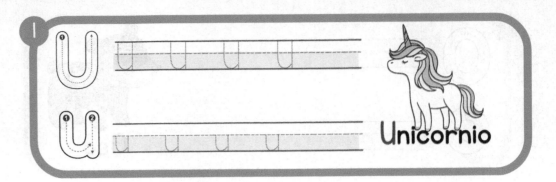

Unicornio

---

2 ASUSTA "U". AULLA "AUÚ". 🔊

3 RODEA Ⓤ Y ⓤ.

u	e	U	o	A
i	u	a	u	o
u	e	U	i	a

---

4 TACHA EL INTRUSO EN EL QUE NO SUENA LA "u".

---

5 SUBRAYA "a" , "e" , "i" , "o" y "u".

luna   **murciélago**   **sirena**

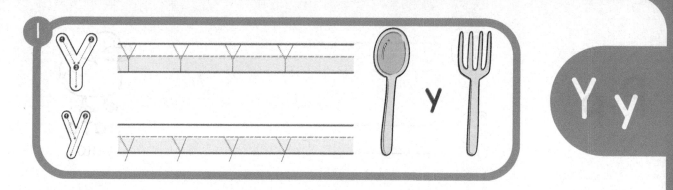

1

Y
y

 2 ¿QUÉ VAS A TOMAR? **3** RODEA Y y

Y a I u y E o

A y e O Y i Y

y a I u o E Y

4 ESCRIBE LA LETRA "y" e "Y".

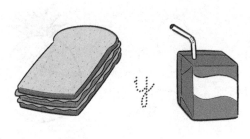

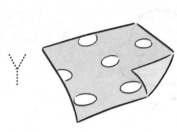

A a   **E e**   **I i**   **O o**   **U u**   **Y y**

A a   E e   I i   O o   U u   Y y

VE A LA PÁG. 3.

11

¡ENHORABUENA! HAS COMPELATADO EL NIVEL 1!

P p

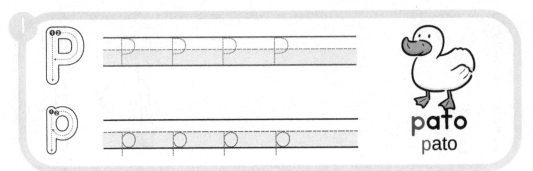

pato
pato

2 "P p p palomitas" explotando.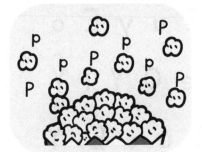

3 La "p" con las vocales suena: @

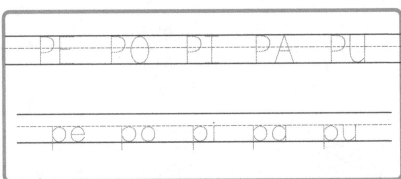

PE PO PI PA PU

pe po pi pa pu

4 ¿Qué sílaba suena al principio? Colorea.

| po | pa | | pe | pu | | pe | pi | | po | pa | | pi | pu |

5 Une las palabras que son iguales.

PAPÁ   PEPE   POPA   PUPA

Pepe   pupa   papá   popa

6 ¿En qué dibujos suena la "p"? Rodea.

P p

7 Une palabra y dibujo.

pipa **pie** **pupa**

8 LAS LETRAS PERDIDAS. Escribe.

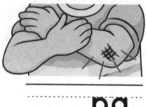  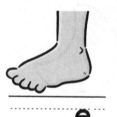

__pa__ __pi__ __e__

9 Une dibujo y frase.

Pipo pía.

Papá aúpa a Pepa.

L l

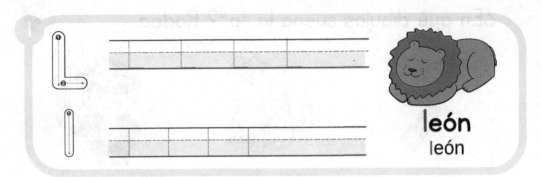

león

león

2 "l l l la la la" canta.

L L L
l l l l l l
la
la
la

3 La "l" con las vocales suena: a

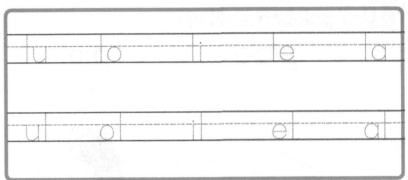

4 ¿Qué sílaba suena al principio? Colorea.

| lu | la | | le | lo | | la | li | | lo | li | | lu | le |

5 ¿Qué sonido se escucha? Colorea.

| al | ul | | ol | el | | al | il | | il | ol | | el | ul |

6 ¿Por qué sílaba empieza? Rodea.

la al	la al	lu ul	lu ul

7 EL INTRUSO. Tacha el dibujo incorrecto.

ola	piel	lupa	palo	pala

8 Escribe.

ola   piel   lupa   palo   pala

9 ¿Qué frase se corresponde con el dibujo?

○ Papá lee a Lulú y a Paula.

○ Lola olía la lila.

○ Pepe pela la piel.

M m

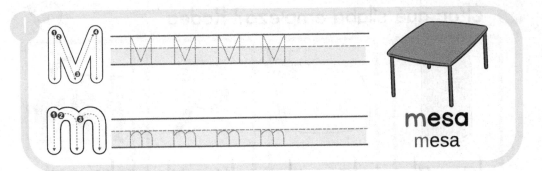

mesa
mesa

2 "MMM mmm"
¡Qué rico!

mmm
mmm

3 La "m" con las vocales suena:

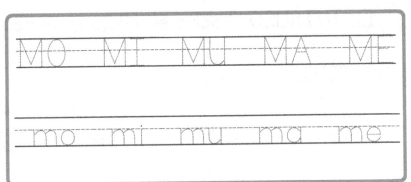

MO — MI — MU — MA — ME

mo — mi — mu — ma — me

4 ¿Qué sonido se escucha al principio? Colorea.

| mo | ma |

| mu | me |

| mo | mi |

| mo | mu |

| mi | me |

5 Une las sílabas y escribe.

ma   la

ma   pa

mu   má

16

6 ¿En qué dibujos suena la "m"? Colorea.

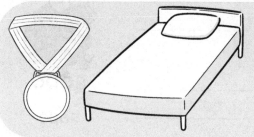  

M m

7 Une dibujo y palabra.

amapola   muela   pamela   momia

8 ¿Qué frase se corresponde con el dibujo?

○ Milú pela el pomelo.

○ Mamá mima a la paloma.

○ Emilio lame el polo.

○ El puma olía a la momia.

S s

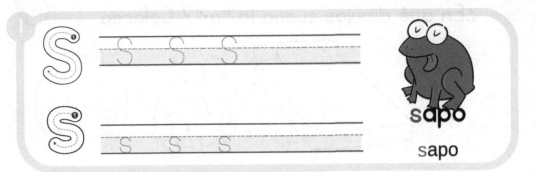

sapo

sapo

2 "ssss SSS" sisea.

sssss
SSSS

3 La "s" con las vocales suena:

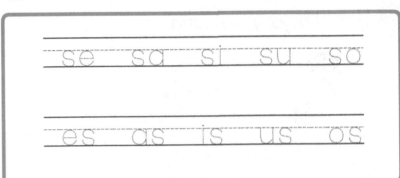

se   sa   si   su   so

es   as   is   us   os

4 ¿Qué sílaba suena al principio? Colorea.

| se | sa | | so | si | | su | sa | | so | se | | su | si |

5 ¿Qué sonido se escucha? Colorea.

| as | es | | is | os | | as | us | | es | os | | is | us |

6 ¿Por qué sílaba empieza? Rodea.

si   is

si   is

es   se

es   se

S s

7 PALABRAS PERDIDAS. Busca y escribe.

T	S	O	P	A
M	E	S	A	P
N	S	O	L	P
M	I	S	L	A
S	A	P	O	M

 pa_____

 _____o

_____me

_____f

_____po

_____ta

8 ¿Qué frase se corresponde con el dibujo?

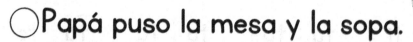

○ Susi suma seis.

○ Papá puso la mesa y la sopa.

○ Saúl puso más sal a la salsa sosa.

○ El oso pasea si sale el sol.

○ Luisa pisa el suelo.

¡GENIAL! YA VAS POR LA MITAD DEL NIVEL 2.

T t

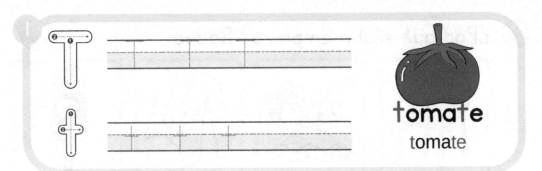

tomate
tomate

2 "T T t t" 🔊
tic tac tic tac.

T T T t t t

3 La "t" con las vocales suena: ⓐ

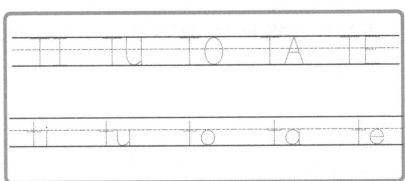

4 ¿Qué sílaba suena al principio? Colorea. ⓑ

| te | ti | tu | ta | to | tu | ta | te | ti | te |

5 EL INTRUSO. ¿En qué dibujo no suela la "t"? ⊘

6 ¿Qué debes tomar según la canción?

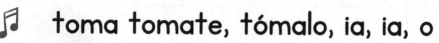 toma tomate, tómalo, ia, ia, o

7 ¡QUÉ LÍO! Ordena y escribe.

to pa   ta lo pe   ma to te   to mo

_____   _____   _____   _____

8 ¿Qué frase se corresponde con el dibujo?

◯ Tita se puso el tutú lila.

◯ El patito toma tomate y tose.

◯ Maite metió su maleta.

◯ El topo tapa sus patas.

◯ Mi tía se toma su tila.

N n

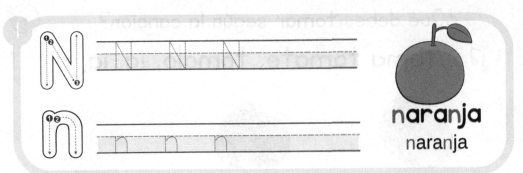

N N N

n n n

naranja
naranja

2 "n n n N N N"
no no no.

3 La "n" con las vocales suena:

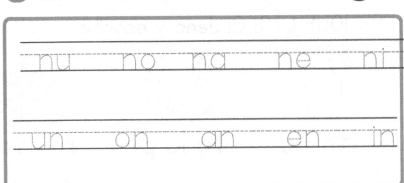

nu   no   na   ne   ni

un   on   an   en   in

4 ¿Qué sílaba suena al principio? Colorea.

| nu | na | | no | ne | | nu | na | | ne | ni | | na | ni |

5 ¿Qué sílaba suena al principio? Colorea.

| un | in | | on | en | | un | an | | en | in | | an | in |

6 ¿Por qué sílaba empieza? Rodea.

 en ne

 en ne

 an na

 an na

N n

7 EL INTRUSO. Tacha el dibujo incorrecto.

 antena

 luna

 mono

 nene

 nata

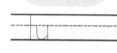 _te_ 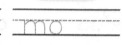 _lu_ 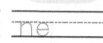 _mo_ _ne_ _ta_

8  ¿Quién es quién?

- Noelia está en el molino.

- Natalia se peina sola.

- Antonia tiene un patín.

- Nino pinta un papel.

Pp   Ll   Mm   Ss   Tt   Nn

Pp   Ll   Mm   Ss   Tt   Nn

1 Une las palabras que son iguales.

pomelos   antena   molino   luna

molino   pomelos   antena   luna

2 Une frase y dibujo.

- Elena pasea a Tomi.

- El topo se asoma al sol.

- Antonio está malito.

- Luis toma pan tostado.

3 PALABRAS PERDIDAS. Escribe y busca.

lupa

sol

isla

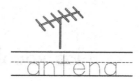
antena

espuma

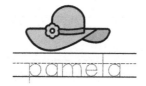
pamela

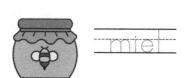
miel

O	L	U	P	A	T	N
M	E	S	P	U	M	A
I	D	S	O	L	M	F
E	P	A	M	E	L	A
L	O	L	I	S	L	A
L	A	P	O	N	T	E
A	N	T	E	N	A	O

4 EL INTRUSO. ¿Qué no está incluido en el menú?

MENÚ

PASTA Y SALSA DE TOMATE

ATÚN Y PATATAS

PASTEL DE NATA

 VE A LA PÁG. 3.

¡ENHORABUENA! HAS COMPLETADO EL NIVEL 2

D d

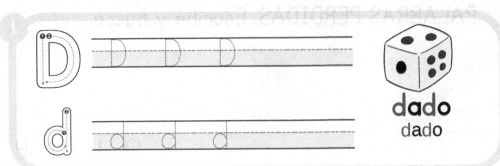

dado
dado

2 "d d d D D D  dan dan dan".

3 La "d" con las vocales suena:

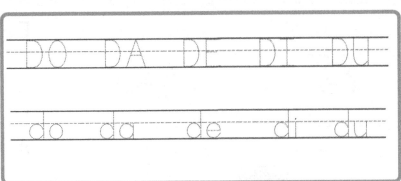

DO   DA   DE   DI   DU

do   da   de   di   du

4 ¿Qué sílaba suena al principio? Colorea.

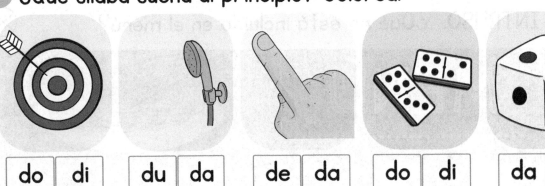

| do | di | du | da | de | da | do | di | da | do |

5 Une palabra y dibujo.

moneda   medusa   duende   tostada

6 Usa las sílabas que necesites y escribe.

da | da .... | ....

7 LISTA. ¿Qué tienes que comprar según la lista?

LISTA
- un tomate ✓
- dos dátiles
- media sandía
- un limón mediano

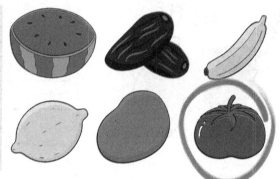

8 ¿Qué frase se corresponde con el dibujo?

○ Mamá da una moneda a Delia.

○ El soldado toma ensalada.

○ Delia se puso una diadema.

○ A Edu le duele una muela.

○ El dominó es del duende.

F f

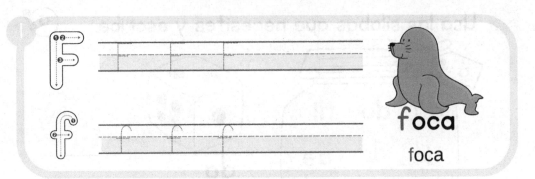

foca

foca

2 "FFF fff" bufa el gato.

fff fff
FFF

3 La "f" con las vocales suena:

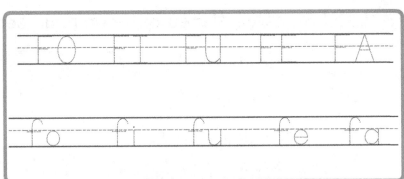

4 ¿Qué sonido se escucha al principio? Colorea.

feliz

| fo | fu | | fi | fa | | fu | fo | | fo | fi | | fi | fe |

5 Une palabra y dibujo.

falda   fuente   filete   fiesta

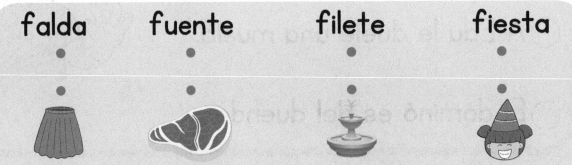

28

6 ¿En qué dibujos suena la "f"? Colorea.

Café

F f

7 ESCALERA DE PALABRAS.

F	I	E

F I E S T A

✔ FIESTA

FEO

SOFA

FATAL

8 ¿Qué frase se corresponde con el dibujo?

○ Felipe está sentado en el sofá.

○ Sofía está en una fiesta.

○ Felisa tiene una falda lila.

○ Tu teléfono está fenomenal.

○ Fidel tiene una foto de su familia.

B b

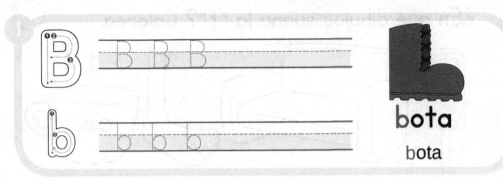

bota

bota

2 "BBB bbb" bee bee.

BBB bbb bee

3 La "b" con las vocales suena: a

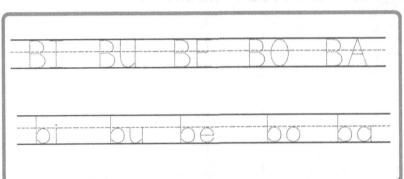

BI BU BE BO BA

bi bu be bo ba

4 ¿Qué sílaba suena al principio? Colorea.

| bi | ba | | bo | bu | | be | ba | | bi | bu | | ba | bu |

5 ¡QUÉ LÍO! Ordena y escribe. a

so bol

_____

bue lo a

_____

be da bi

_____

ti ba do

_____

6 Une palabras y dibujos.

boda   bombón   balón

7 PALABRAS PERDIDAS. Busca y escribe.

T	B	O	T	A
B	E	S	O	P
O	B	A	T	A
L	É	S	L	A
A	N	U	B	E

 ____ta   ____nu

____ta   ____ta

____so   ____bé

8 ¿Qué frase se corresponde con el dibujo?

○ El batido sabe a bombón.

○ Los abuelos bailan muy bien.

○ Alba bebe su bebida.

○ Benito lee el tebeo de papá.

○ Bea se puso una bata bonita.

B b

V v

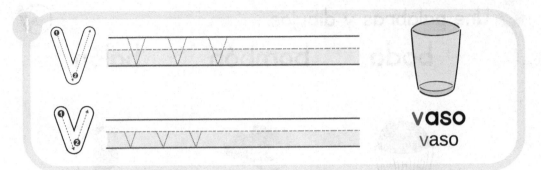

vaso
vaso

2 "VVV vvv"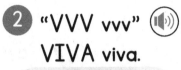
VIVA viva.

3 La "v" con las vocales suena: a

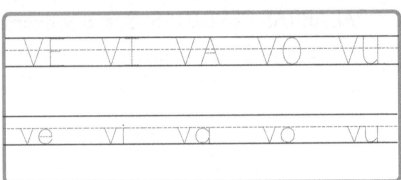

Vi   Vi   VA   VO   VU

ve   vi   va   vo   vu

4 ¿Qué sílaba suena al principio? Colorea.

| ve | va | | vi | vo | | ve | va | | vi | vo | | va | vu |

5 Une palabra y dibujo.

vuelo   volante   avión   vía

6 Une sílabas y escribe.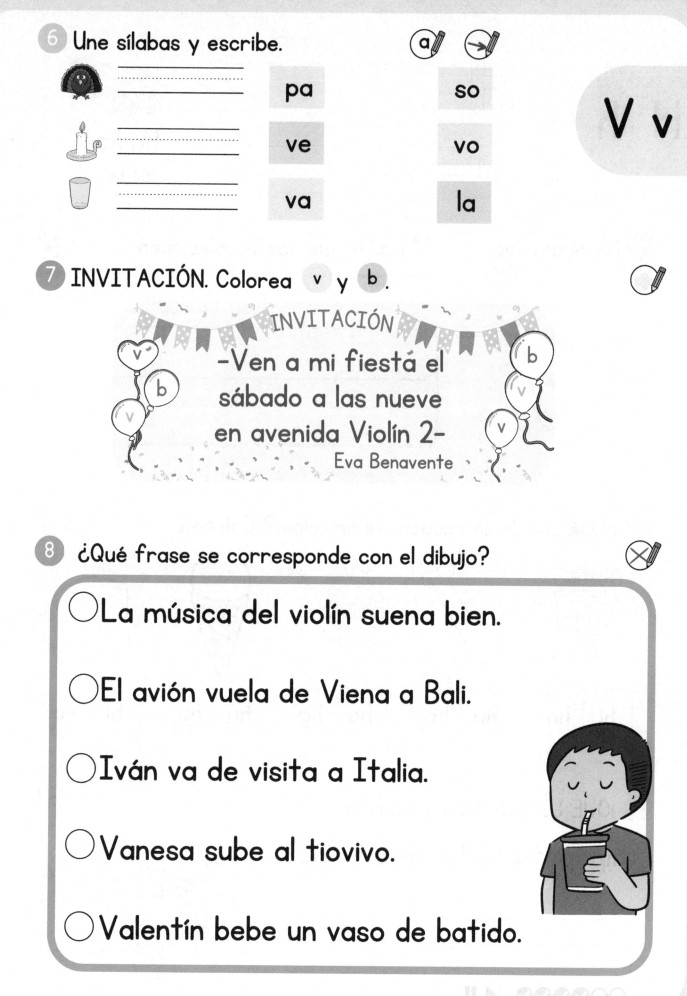

pa　so

ve　vo

va　la

V v

7 INVITACIÓN. Colorea v y b.

INVITACIÓN

-Ven a mi fiestá el
sábado a las nueve
en avenida Violín 2-

Eva Benavente

8 ¿Qué frase se corresponde con el dibujo?

○ La música del violín suena bien.

○ El avión vuela de Viena a Bali.

○ Iván va de visita a Italia.

○ Vanesa sube al tiovivo.

○ Valentín bebe un vaso de batido.

H h

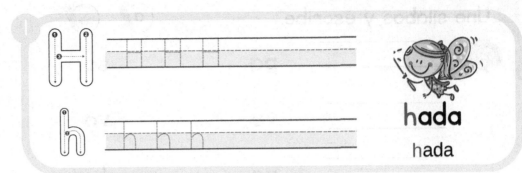

hada

hada

2 No digas nada.

3 La "h" con las vocales suena:

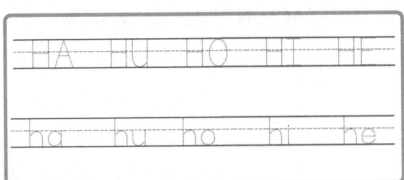

HA HU HO HI HI

ha hu ho hi he

4 ¿Qué sonido se escucha al principio? Colorea.

| hi | ho |

| hu | he |

| ho | ha |

| hu | he |

| hi | ha |

5 ¡QUÉ LÍO! Ordena y escribe.

hipopótamo El hipo tiene.

hip hip hip hip

6 Une palabra y dibujo.

humo   hospital   huevo   hiena

7 PALABRAS PERDIDAS. Busca y escribe.

| T H A D A |
| H I E L O |
| H L N N U |
| H O L A O |
| H U E S O |

da

eso

la

elo

no

lo

8 ¿Quién es quién? a

- Hipólito toma un helado delicioso.

- Hoy el búho va a un hotel.

- A Luis le duele un hueso y está en el hospital.

H h

Dd **Ff** **Bb** **Vv** **Hh**

D d F f B b V v H h

1. Une las palabras que son iguales.

falda   huevos   batido   búho   vela

huevos

falda

búho

vela

batido

2. Rodea las letras d y b.

d	b	d	b	b	d	b	d	d
b	b	b	b	d	b	b	b	d
b	d	b	d	d	d	b	d	d

3. Rodea la correcta.

doba   doda
boda   boba

4. Une frase y dibujo.

El hada de los dientes vuela muy bien.

La mofeta huele fatal.

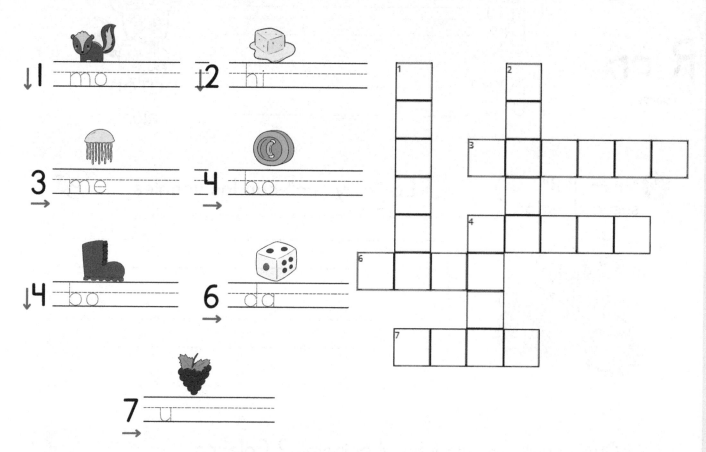

↓1 mo

↓2 hi

3 → me

4 → bo

↓4 bo

6 → da

7 → u

6 ADIVINA, ADIVINANZA.

-Y lo es, y lo es, y no lo

adivinas ni en un mes.

-Tul y no es tela.

Pan y no de mesa.

tulipán

pelota

hilo

¡ENHORABUENA! HAS COMPLETADO EL NIVEL 3!

R rr

r fuerte

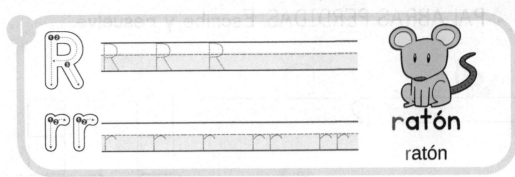

ratón

ratón

---

2 "rr rr R R" 🔊
suena el motor.

rr rr rr
R R R

3 La "r" y "rr" con las vocales: ✏️ @

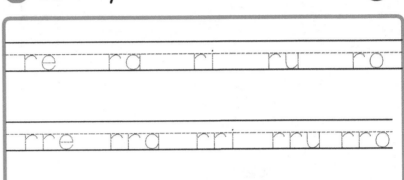

re   ra   ri   ru   ro

rre   rra   rri   rru   rro

---

4 ¿Qué sonido se escucha al principio? Colorea. ✏️

| re | ra | | ro | ri | | ru | ra | | ro | re | | ru | ri |

---

5 ¿Qué sonido se escucha? Colorea. ✏️

| rra | rre | | rri | rro | | rra | rri | | rre | rro | | rri | rru |

6 ¿r o rr?

bu___o

___ana

___isa

to___e

R rr

7 ¿A dónde van de paseo?

Hola, Rafa: ¿Vienes de paseo?

Hola, Rita: ¿A dónde? ¿Al río?

No, al río no. Vamos a la sierra, ¿te animas?

 ¡Sí! Y paseo a mi perro Rufo.

○ Al río

○ A la sierra

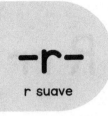

-r-
r suave

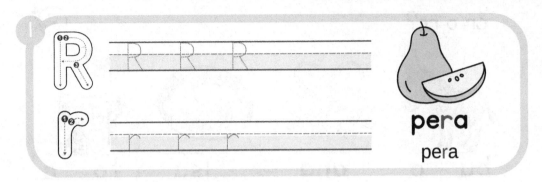

R R R R

r

pera
pera

---

2 ¡Tarariruri!

¡Tarariruri!

3 La "r" con las vocales suena: a

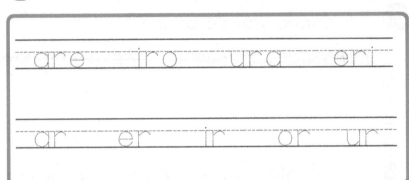

are iro ura eri

ar er ir or ur

---

4 ¿Qué silaba suena? Colorea.

| re | ra | | ro | ri | | ru | ra | | ro | re | | re | ru |

---

5 ¿Qué sonido se escucha? Colorea.

  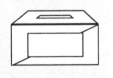  

| ar | er | | ir | or | | ur | ar | | ir | or | | ir | er |

6 ¿Por qué sílaba empieza? Rodea.

 ar   ra

 ar   ra

 or   ro

 or   ro

-r-

7 ¿r o rr?

lo_o   ta_o   mo sa   sie_a   á_bo l

8 ¿Qué le da Ramiro al burro?

Marisa y Ramiro pasean en burro

por la Serranía de Ronda.

Ramiro le da una pera verde al burro. El

animal lame la pierna de Ramiro y a

Marisa le da la risa.

 ○ pera

 ○ tarta

c q

C Q

Cc Cc Cc Qq Qq Qq

c q

Cc Cc Cc qq qq qq

cama
cama

2 "co co CO" cacarea.

co co CO co co

3 La "c" y "qu" con las vocales: ✎a

CA   CO   CU   QUI   QUI

ca   co   cu   que   qui

4 ¿Qué sílaba suena al principio? Colorea.

| co | ca | | ca | cu | | cu | co | | qui | que | | que | qui |

5 Relaciona sonido.

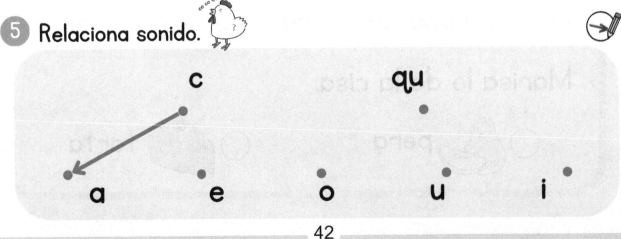

c   qu

a   e   o   u   i

42

6 Une palabra y dibujo.

raqueta   canica   cuento

7 ¡La sílaba perdida!

      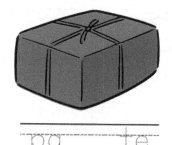   

sa ___   ___ mos   ___ to   pa ___   ___ te   ___ hete

8 ¿A dónde quiere ir Quique?

-¿Qué tal en el cole, Quique?

-Bien. He leído un cuento con Cuca.

-¿Quieres ir al parque?

-Estoy cansado, quiero ir a casa a comer

un bocata de queso.

○ Al parque

○ A casa

c z

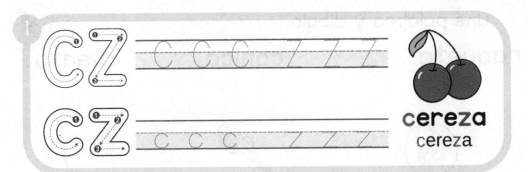

cereza
cereza

2 "zz ZZ zzz" zumba la abeja.

zzz ZZZ zzz

3 La "z" y "c" con las vocales: a

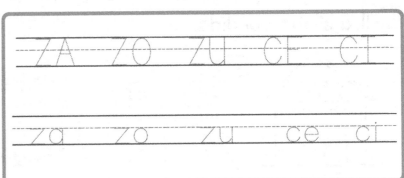

ZA ZO ZU CE CI

za zo zu ce ci

4 ¿Qué sílaba suena al principio? Colorea.

| zu | cu | | co | zo | | za | ca | | que | ce | | ci | qui |

5 Relaciona sonido.

z   c

a   e   o   u   i

6 Usa las sílabas que necesites y escribe:

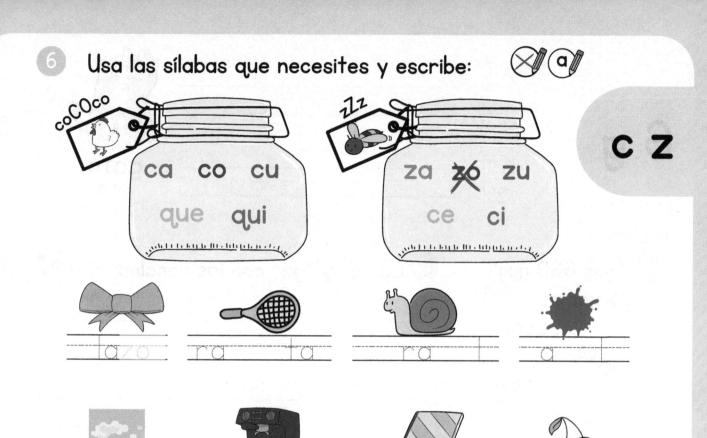

c z

coCOco   ca   co   cu
          que   qui

zZz   za   zo   zu
       ce   ci

_a_z_o   _ra_   _ta_   _ra_   _t_   _a_

_e_o   _ma_   _na_   _aderno_   _re_

7 ¿Qué tiene Cecilia para beber?

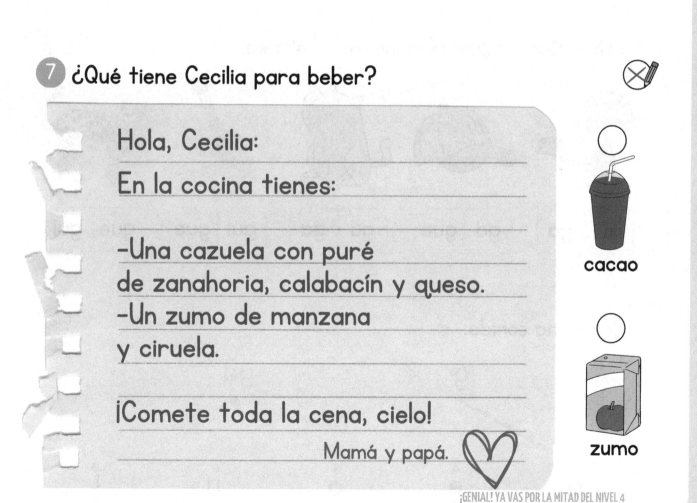

Hola, Cecilia:

En la cocina tienes:

-Una cazuela con puré
de zanahoria, calabacín y queso.
-Un zumo de manzana
y ciruela.

¡Cómete toda la cena, cielo!

Mamá y papá.

cacao

zumo

G g

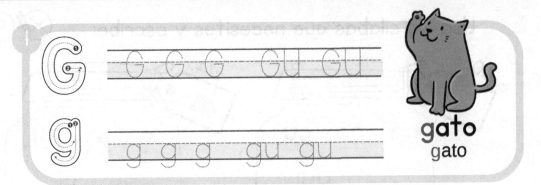

gato
gato

2 "ggg GGG ggg" gárgaras.

3 La "g" y "gu" con las vocales:

4 ¿Qué sílaba suena al principio? Colorea.

| gu | ga | | go | gue | | gu | ga | | gui | gue | | gue | gui |

5 Relaciona sonido.

g

gu

a   e   o   u   i

6 ¿En qué dibujos suena la "g"  ? Colorea.

G g

7 ¿g o gu?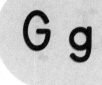

afas   erra a ita   fue o   a ua

8 ¿Qué quiere la gata golosa de la poesía?

> Guida, gatita elegante,
>
> en sus garras tiene guantes,
>
> no quiere guiso de sardinas,
>
> quiere un gusano de golosina.

 ◯ golosina

 ◯ sardinas

J j

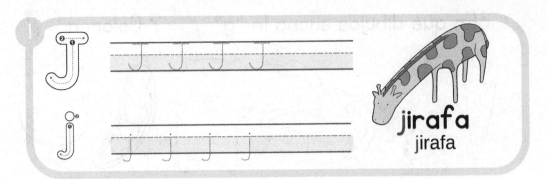

jirafa
jirafa

2 ¡Ja ja ja! ¡qué risa!

ja ja ja JA JA JA

3 La "j" con las vocales suena:

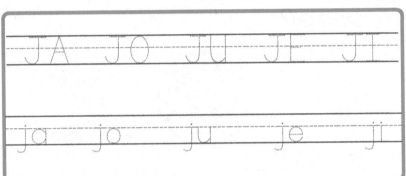

JA   JO   JU   JE   JI

ja   jo   ju   je   ji

4 ¿Qué sílaba suena al principio? Colorea.

| ji | ja |

| jo | je |

| ju | ja |

| jo | je |

| ji | ja |

5 ¡Qué sílaba suena al principio? Colorea.

| ge | gue |

| gi | gui |

Al gigante le gustan los guisantes

6 ¿ gu o g?

iso ma ia erra e

J j

7 ¡La sílaba perdida!

ove cone ti ras uete ete

8 ¿Qué frase se corresponde con el dibujo?

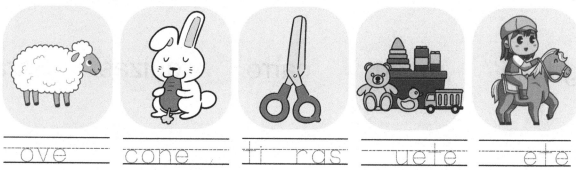

○ La abeja se posa en el girasol.

○ Julia guarda la bici en el garaje.

○ El conejo tiene una jaula vacía.

○ El jilguero juega junto al naranjo.

○ Ángela es guapa y vive en Getafe.

Rr	Cc	Qq	Zz	Gg	Jj
Rr	Cc	Qq	Zz	Gg	Jj

1 Une las palabras que son iguales.

carro   garaje   razón   Sara   quizás

garaje   razón   carro   quizás   Sara

2 Rodea las letras  y

p	q	q	p	q	p	p	q	p
q	p	q	q	p	p	q	p	q
p	q	p	q	p	q	p	q	q

3 Rodea la correcta.

qaquete   papuete
paqete   paquete

4 Señala la opción correcta.

◯ El ratón zampón come queso.

◯ El gato juega con el zapato.

50

5 Guarda las sílabas en su bote de sonido.

~~ca~~ za cu
zu zo co ce
que ci qui

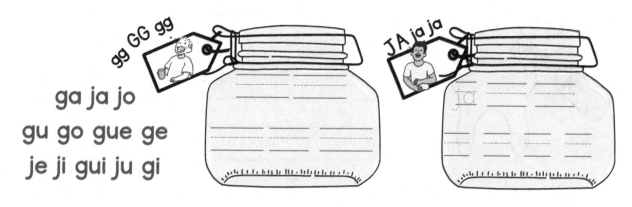

ga ja jo
gu go gue ge
je ji gui ju gi

6 CHISTES.

—¿Cuál es el animal que tiene más dientes?

—El ratoncito Pérez.

—¿Qué le dice una iguana a su hermana gemela?

—Somos iguanitas.

VE A LA PÁG. 3.

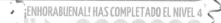
¡ENHORABUENA! HAS COMPLETADO EL NIVEL 4

LI ll

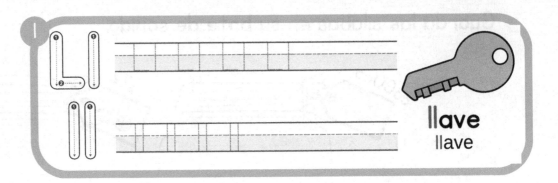

llave
llave

2 "ll ll ll Ll Ll" 🔊
vibra el cepillo.

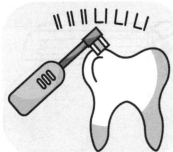

3 La "ll" con las vocales suena: @✏️

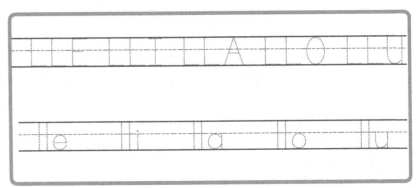

4 ¿Qué sílaba suena? Colorea. ⚪✏️

  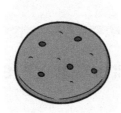  

| lla | llu | | lli | llu | | llo | lle | | lli | llo | | lla | llu |

5 Une dibujo y palabra. ➡️✏️

lluvia   **camello**   **gallina**   **galleta**

6 Resuelve el crucigrama.

7 ADIVINA, ADIVINANZA. Escribe y dibuja.

Soy rey de coronilla roja y pico amarillo,

el gallinero es mi llamativo castillo,

con mi canto lleno de gallardía,

anuncio la llegada del bello día.

¿Quién soy?

_____

Y y

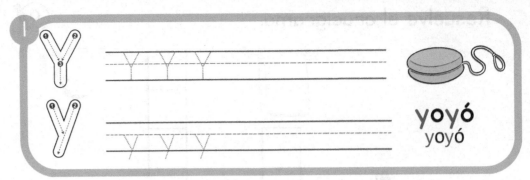

yoyó
yoyó

2 "yy yy YY YY" 🔊
vibra el cepillo.

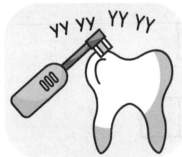

yy yy YY YY

3 La "y" con las vocales suena: ✏ⓐ

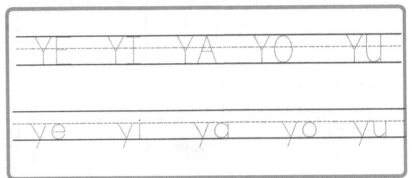

YE YI YA YO YU

ye yi ya yo yu

4 ¿Qué sonido se escucha? Colorea. ⟍✏

| yo | ye | | ye | yu | | yi | ya | | yu | yo | | ya | yi |

5 La sílaba intrusa. Tacha y escribe. ⊗✏ ✏ⓐ

ye ey ma   ya ta te   lo yun que   ra ~~bu~~ yi to

_____   _____   _____   rayito

54

6 Chiste.

Era una persona tan alta, que se comió un yogur y cuando le llegó al estómago, ya estaba caducado.

7 La llamada. Colorea ll e y

Hola, Yoli: Soy yo, Yasmina. Ya he llegado a Mallorca. Llámame y quedamos para desayunar en el Hotel Arroyo de la calle Ayala. Besos.

8  ¿Quién es quién?

- Yolanda oye música.

- Yago tiene una camiseta de rayas.

- Yeray juega con el yoyó.

- Amaya desayuna café.

_____   _____   _____   _____

Ch ch

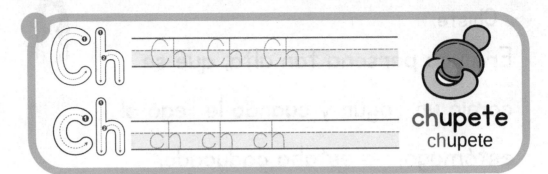

chupete
chupete

2 "ch ch CH CH" 🔊 del tren.

ch ch CH ch ch

3 La "ch" con las vocales suena: ⓐ

CHA CHO CHU CHE CHI

cha cho chu che chi

4 ¿Qué sonido se escucha? Colorea.

| cho | chi | cha | che | chi | chu | che | cha | cha | chi |

5 ¿Qué tiene Concha?

○ Concha tiene una mochila chula.

○ Concha tiene una chaqueta de chándal.

6 Lee y dibuja.

Una   chica
chapotea   en
un charco.

7 Elige los platos que más te gusten.

MESÓN
CHINCHÓN

PARA EMPEZAR:

◯ Macarrones con salchichas.

◯ Alcachofas con chispitas de chorizo.

PARA CONTINUAR:

◯ Chuletas de cochinillo y patatas chips.

◯ Pizza con queso cheddar, salchichón y chiles.

PARA TERMINAR:

◯ Chocolate con churros.

◯ Helado de horchata de chufa y chuches.

Ñ ñ

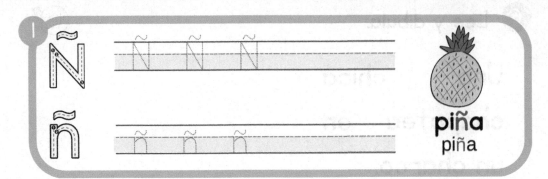

Ñ Ñ Ñ

ñ ñ ñ

piña
piña

2. "ñññan ññan" a comer.

ñññ ññan

3. La "ñ" con las vocales suena:

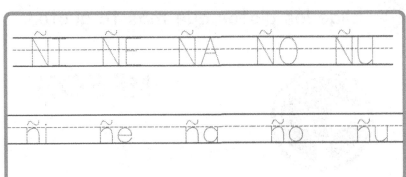

NI NE NA NO NU

ñi ñe ña ño ñu

4. ¿Qué silaba suena? Colorea.

| ño | ña | ñe | ñu | ño | ña | ñi | ñe | ñi | ñu |

5. La sílaba intrusa. Tacha y escribe.

ni ño llo   pi lla ña   sue llo ño   me ñi ~~x~~ que

_____   _____   _____   meñique

6 ¿ ñ  o ll ?

 Ñ ñ

| se_o | o_o_o | _e_a | po_o |

7 RESEÑA. Lee la carta y valora el campamento.

¡Hola, mami y papi!

El campamento es muy hogareño. Comparto cabaña con 28 niños, una araña del tamaño de un ñu y algo extraño que gruñe. No tenemos baño.

Ayer, escalé la montaña, me di un piñazo y solo me dañé la uña del meñique.

Hemos comido castañas porque un oso nos robó la lasaña, la cual le dañó y vomitó, pero apenas nos salpicó.

¡Todo es genial!

Con cariño,

Toño.

CAMPAMENTO APAÑOS
RESEÑA ★★★★★
¿IRÍAS A ESTE CAMPAMENTO? SÍ NO

X x

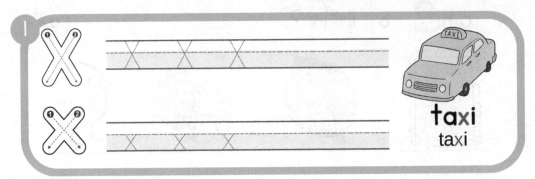

1

taxi
taxi

2 "x X x X x"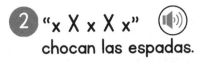
chocan las espadas.

3 La "x" con las vocales suena: a

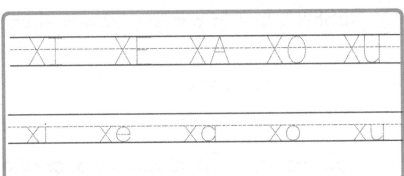

XI XE XA XO XU

xi xe xa xo xu

4 Une palabra y dibujo. →

examen   boxeo   saxofón   taxi   extintor

5 Marca la opción correcta. ⊗

○ Félix y Xana van de excursión.

○ El boxeador y la saxofonista viajan en taxi.

1

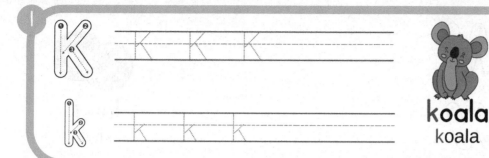

K K K

k k k

koala
koala

2 "ko ko KO"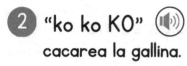
cacarea la gallina.

ko ko KO ko ko

3 La "k" con las vocales suena: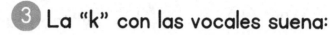

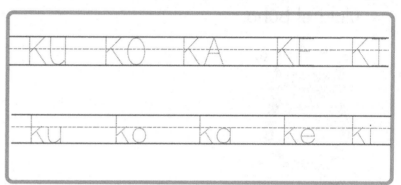

KU   KO   KA   KE   KI

ku   ko   ka   ke   ki

4 Une palabra y dibujo.

koala   kétchup   kárate   kakis   kilo

5 ¡QUÉ LÍO! Ordena y escribe.

kakis. come El koala un kilo de

W w

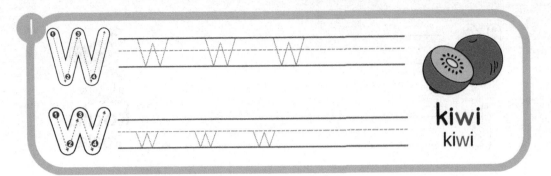

1 W W W W

W W W W

kiwi
kiwi

2 "w w W"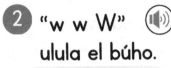
ulula el búho.

3 La "w" con las vocales suena: @

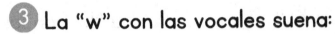

WI WU WE WA WO

wi wu we wa wo

4 Une dibujo y palabra.

web   waterpolo   wifi   sándwich   wok

•   •   •   •   •

•   •   •   •   •

5 ¿Qué hace Wendy?

○ Wendy juega al waterpolo.

○ Wendy hace windsurf en Hawái.

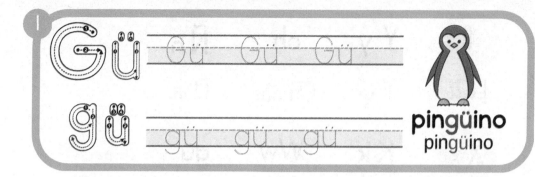

1

Gü Gü Gü Gü

gü gü gü gü

pingüino
pingüino

2 "gg gg GG" 🔊
gárgaras.

gg gg GG gg gg

3 "gü" con "i" y "e" suena: ✏️ⓐ

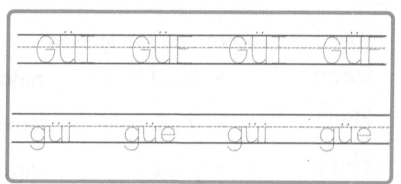

güi güi güi güi

güi güe güi güe

4 Une palabra y dibujo. ✏️

guerrera   guitarra   cigüeña   pingüino   paragüero

5 ¡La palabra perdida! ✏️ⓐ

El paraguas está en el

La   anida en el campanario

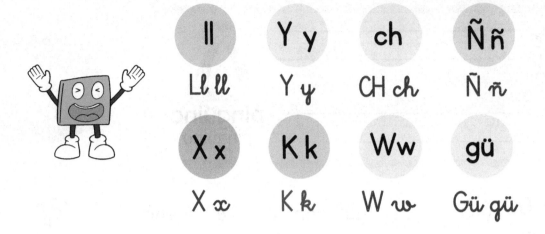

ll	Y y	ch	Ññ
Ll ll	Y y	CH ch	Ñ ñ

X x	K k	W w	gü
X x	K k	W w	Gü gü

1 Une las palabras que son iguales.

llama   • kiwi   niño   • boxeo

kiwi   • llama   boxeo   • cigüeña

chica   • joya   cigüeña   • niño

joya   • chica   cepillo   • cepillo

2 Une frase y dibujo.

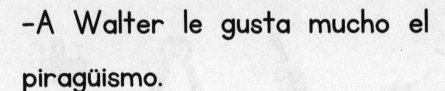

-A Walter le gusta mucho el piragüismo.

-El taxi es amarillo.

-El niño juega con el yoyó.

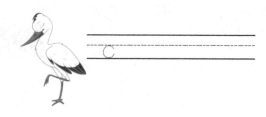

Y	A	S	A	B	E	S	L	E
E	R	B	I	E	N	K	E	F
M	K	I	W	I	Z	A	C	F
A	T	A	X	I	I	L	H	A
A	P	I	Ñ	A	P	I	E	A
Z	A	P	A	T	I	L	L	A
Ñ	A	C	I	G	Ü	E	Ñ	A

4 ADIVINA, ADIVINANZA.

No te engaño, tengo cuello, pero

no cabeza. ¿Sabes ya quién soy?

Qué bicho dirás que es,

¿que es algo y nada a la vez?

1

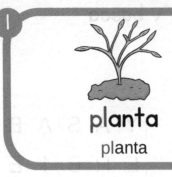
planta
planta

pregunta
pregunta

2

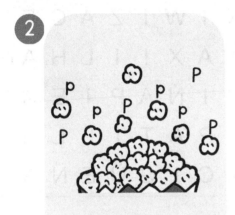 +  = **pl** plas

 + = **pr** prom prom

3 Une palabra y dibujo.

profesora   plátano   prisa   soplido   cumpleaños

4 Rodea las palabras que tienen sonido pl y pr.

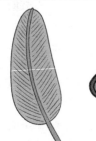  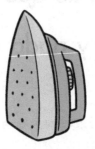 

5 Rodea las palabras correctas.

 dipolma   dipoma   diploma

 compar   comprar   crompar

pl

pr

6 ¡La sílaba perdida!

| pul | plu |
___ma

| pul | plu |
___po

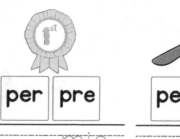
| per | pre |
___mio

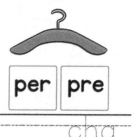
| per | pre |
___cha

7 ¿Qué le va a regalar a su prima?

- ¿Dónde vas a preparar la fiesta sorpresa

para el cumpleaños de tu prima?

-En la playa de las palmeras.

- ¿Y qué le vas a comprar?

-Una pulsera preciosa de perlas de plástico.

◯ Una pulsera de plástico.

◯ Un diploma.

bl br

1

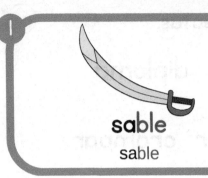

sable
sable

bruja
bruja

2

BBB bbb
bee

+

la
la
la

=

bla bla bla

bl

+

Tarariruri

=

brr brr brr

br

3 Une palabra y dibujo.

hablar   blusa   bloques   brazo   sombrilla

•   •   •   •   •

•   •   •   •   •

4 Chiste-adivinanza.

¿Qué hace una cabra

cuando sale el sol?

som

5 Resuelve el crucigrama.

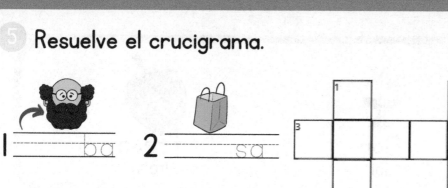

1 _____ ba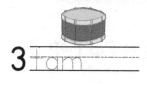

2 _____ sa

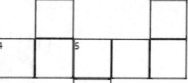

3 tam _____

4 ta _____

5 _____ cón

6 ce _____

7 _____ que

6 ¿Quién es quién?

-Bruno juega con las burbujas blancas.

-Isabel desbloquea la tablet.

-Pablo abre un libro sobre Brasil.

-Maribel es la responsable de la biblioteca.

1
flor
flor

fresa
fresa

2  +  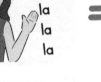 =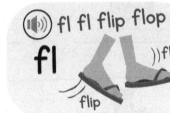
fl fl flip flop
fl flop
flip

 Tararirurí + 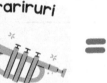 =
fr fr fr
fr

3 Une palabra y dibujo.

flamenco   flequillo   frasco   fluorescente   frigorífico

4 Rodea las palabras que tienen sonido fl y fr.

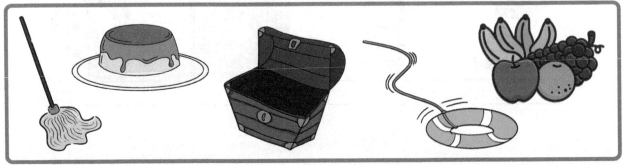

5 Chiste.

¿Qué le dice el huevo a la sartén?

¡Me tienes ___ to!

| fir | fri |

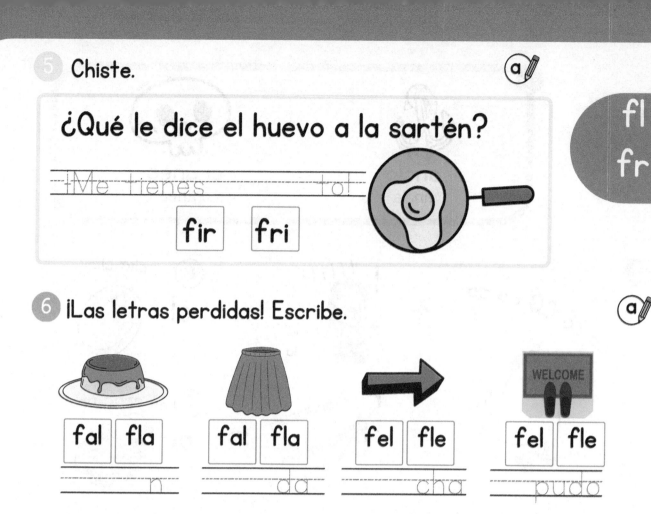

6 ¡Las letras perdidas! Escribe.

| fal | fla | | fal | fla | | fel | fle | | fel | fle |

___n   ___da   ___cha   ___pudo

7 ¿Con quién compartirías este refresco?

¡PRUEBA EL REFRESCO
FLUFLI Y FLIPA!

Flufli

DESCUBRE SU SABOR REFRESCANTE A FRESA Y FRAMBUESA Y
DISFRUTA DE LA FÓRMULA QUE ASOMBRA AL MUNDO.
¡SOLO FALTAS TÚ POR PROBAR FLUFLI!

104

1

ancla
ancla

cráneo
cráneo

2

co co CO co co

+

la
la
la

=

clic clic

cl

r

Tarariruri

+

=

cr croa cr

cr

3 Une palabra y dibujo.

cremallera   clavo   cronómetro   bicicleta   crucero

4 Rodea las palabras correctas.

   tecaldo   tecadlo   teclado

     corquetas   croquetas   cocretas

5 Marca la opción correcta.

○ El caracol Claudio cruza la calle.

○ Cristina calcula en clase.

6 La sílaba intrusa. Tacha y escribe.

cre cer ma   clip cilp   chan cal cla   cruz curz

_____   _____   _____   _____

7 Trabalenguas. ¿Te atreves a leerlo?

Pablito clavó un clavito en la

calva de un calvito.

En la calva de un calvito, un

clavito clavó Pablito.

Pablito clavó un clavito.

¿Qué clavito clavó Pablito?

1

globo
globo

grapadora
grapadora

2

gg gg GG gg gg

+

la
la
la

=

glu glu glu

gl

+

Tararíruri

=

gr gr gr

gr

3 Une palabra y dibujo.

iglesia   grúa   lágrimas   ogro   jeroglífico

4 Chiste.

 —Me llamo gatito, ¿y tú?

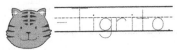 Tigrito

 — No, ¡no me grites!

74

Resuelve el crucigrama.

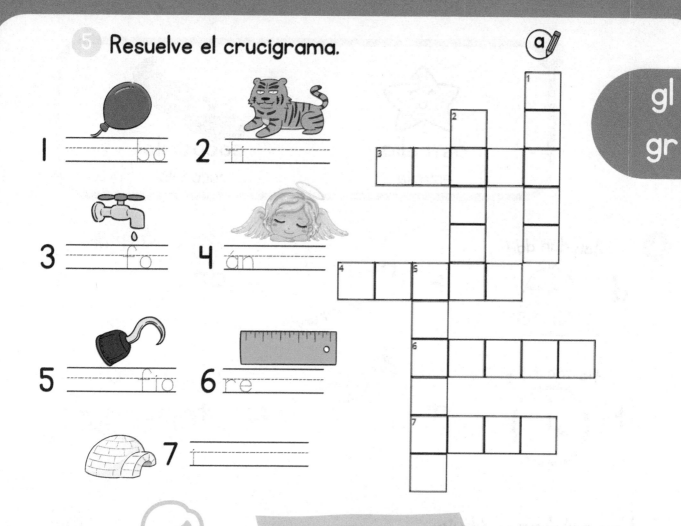

1 ___ bo

2 ___ t___

3 ___ fo

4 ___ án

5 ___ fio

6 ___ re

7 ___ i___

gl
gr

6 ¿Quién es quién?

-Germán bebe granizado de granada.

-Gloria tiene un globo granate.

-Ángel García es un glotón.

-Graciela aprende inglés en Inglaterra.

tr
dr

1

estrella

estrella

cocodrilo

cocodrilo

2

dan dan ddd

d  **+** r

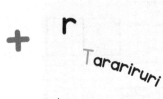 Tarariruri

= dr drop dr

dr

tic tac t t t

t  **+**

= tr tris tr

tr

3 Une palabra y dibujo.

triángulo   trucha   cuadrado   tractor   dromedario

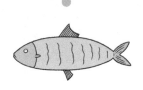            

4 Adivina, adivinanza.

Cuando nada en los ríos parece un tronco flotante, pero si muestra sus dientes, todos huyen al instante.

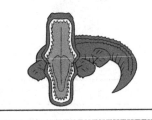

5 Marca la opción correcta.

○ Pedro entrena con los dardos.

○ Patricia rompió la vidriera con una piedra.

6 ¡La sílaba perdida!   (a)

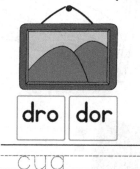
| dro | dor |

cua_____

| dra | dar |

_____do

| tre | ter |

_____bol

| tro | tor |

_____nillo

7 Trabalenguas. Dibuja los tigres que faltan.

Tres tristes tigres,

tragaban trigo en un trigal,

en tres tristes trastos,

tragaban trigo tres tristes tigres.

ADIVINA, ADIVINANZA.

Tengo hojas sin ser árbol,

te hablo sin tener voz,

si me abres no me quejo,

adivina quién soy yo.

_____

¡Enhorabuena!

Has demostrado ser valiente y constante al explorar el mágico mundo de las letras.

Este libro ha llegado a su fin, pero marca el comienzo de muchos otros libros que están esperando por ti, ahora que ya sabes leer. Historias emocionantes y mucha diversión se esconden en sus páginas.

Gracias por dejarnos acompañarte en esta fascinante aventura.

¡Hasta pronto!

Caligrafía
MORENO

DIPLOMA

VIVA LETRAS

Este diploma certifica que

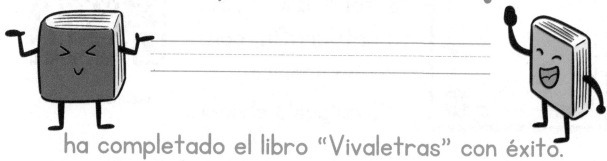

_____

ha completado el libro "Vivaletras" con éxito.

Su dedicación y entusiasmo en esta aventura

le han otorgado una nueva habilidad:

¡EL SUPERPODER DE LA LECTURA!

abc

En _ _ _ _ _ _ a fecha_ _ _ _ _ _

SI TE HA GUSTADO "VIVALETRAS" Y CREES QUE ALGUIEN MÁS PODRÍA DISFRUTARLO TANTO COMO TÚ. SIMPLEMENTE ESCANEA EL CÓDIGO QR Y COMPARTE EL ENLACE CON ELLOS PARA QUE TAMBIÉN PUEDAN DESCUBRIRLO. ¡GRACIAS POR TU AYUDA!

rxe.me/HDXXVV

La diversión y el aprendizaje continúan aquí:

Mejora tu letra, fluidez y comprensión lectora, así como tu ortografía, con una sonrisa.

¡Consíguelo ahora!

rxe.me/GB3XJX

Mejora tu letra, motivación y despierta tu fuerza interior.

¡Consíguelo ahora!

rxe.me/KF4WMW

Descubre todos nuestros libros y pulsa "seguir" para no perderte las próximas publicaciones con increíbles descuentos de lanzamiento.

relinks.me/CaligrafiaMoreno

Made in the USA
Las Vegas, NV
26 November 2024

12661059R00046